Hal Leonard Guitar
RECORDED VERSIONS™
With Notes & Tab

AEROSMITH

D1239028

COVER PHOTO: GENE KIRKLAND

Hal Leonard
Publishing
Corporation

7777 West Bluemound Road
P.O. Box 13819 Milwaukee, WI 53213

CONTENTS

DRAW THE LINE

Words and Music by
Steven Tyler and Joe Perry

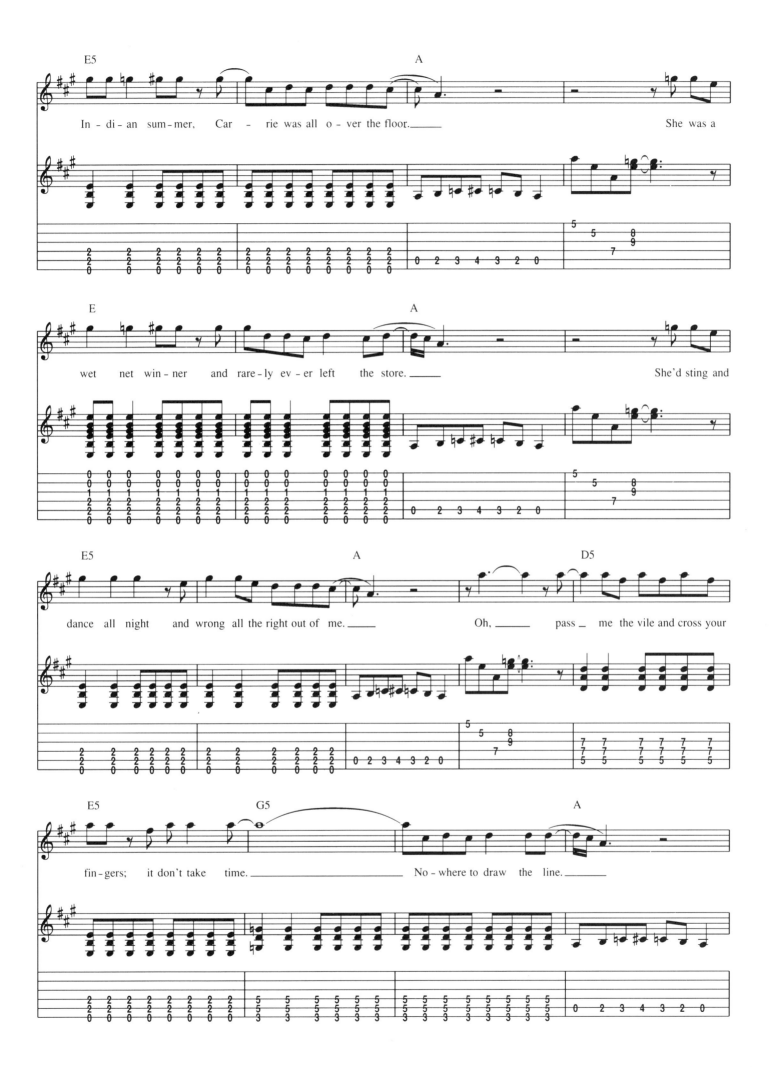

ANGEL

**Words and Music by
Desmond Child and Steven Tyler**

night

You're the rea - son I live.

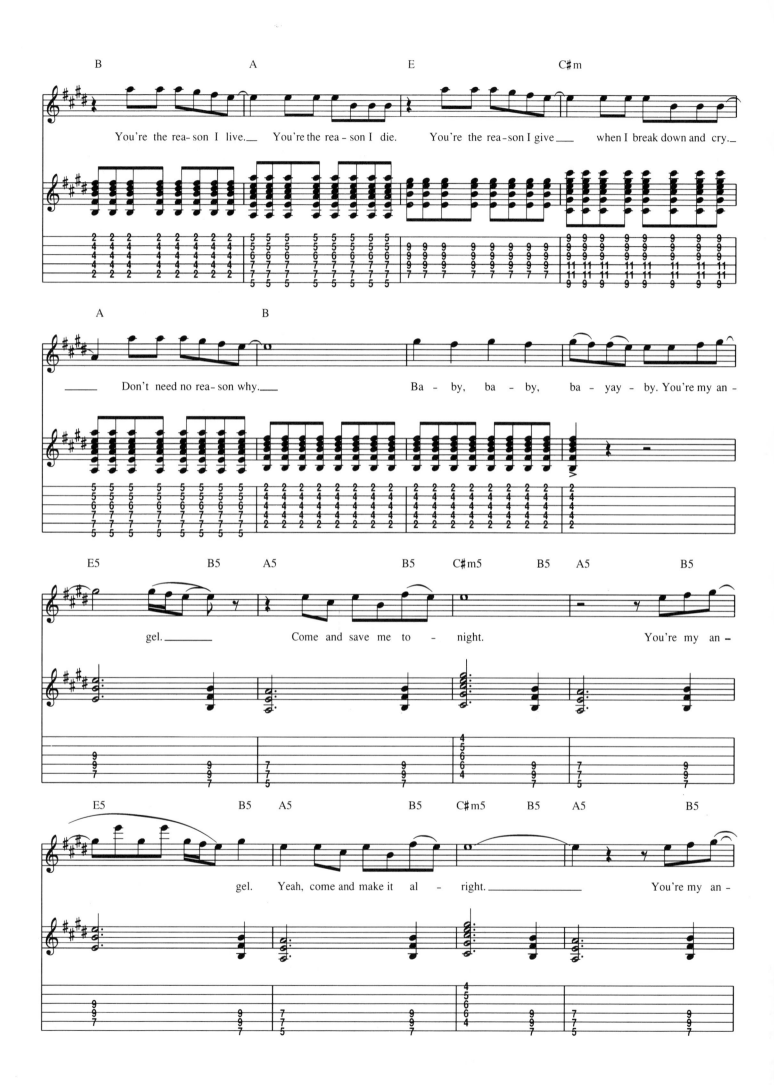

BACK IN THE SADDLE

Words and Music by
Steven Tyler and Joe Perry

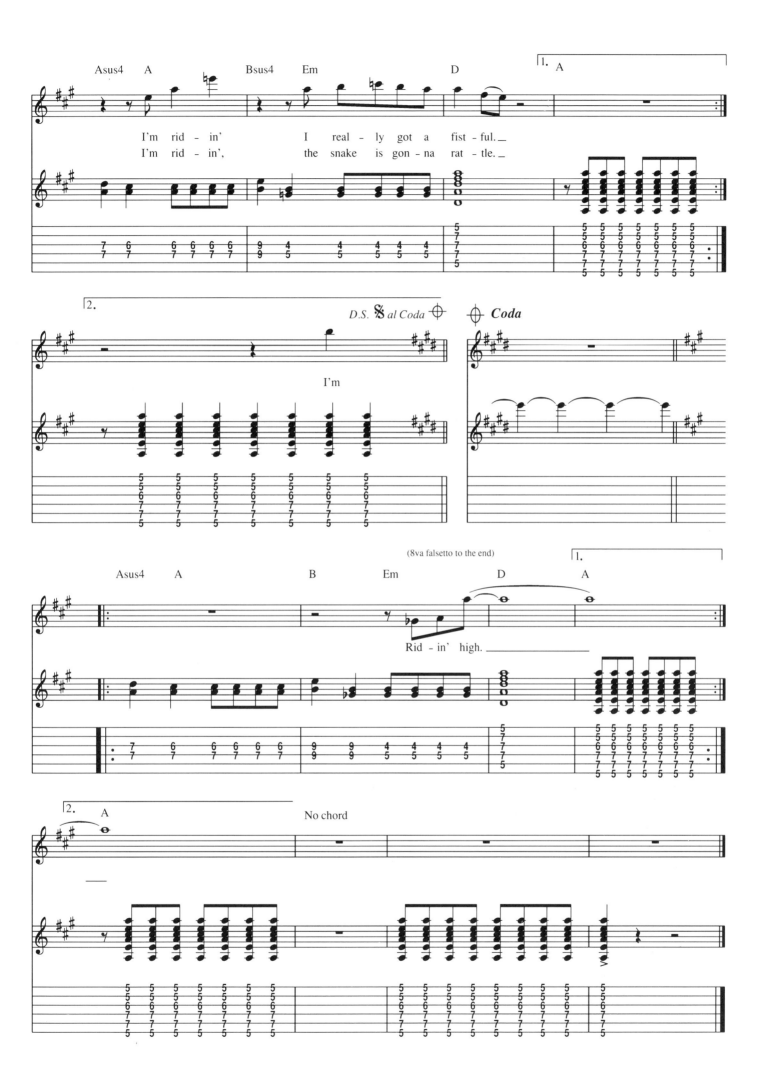

COME TOGETHER

Words and Music by
John Lennon and Paul McCartney

Coda

Dm7

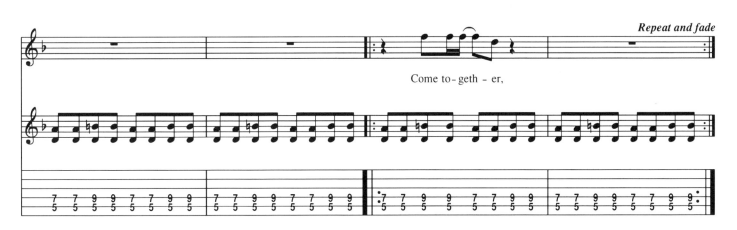

Repeat and fade

Come to- geth - er,

24

DREAM ON

**Words and Music by
Steven Tyler**

Half__ my life's in books' writ-ten pag - es,

lived and learned from fools and from sag - es.

You know__ it's true,

all these things ____ come back to you. _____

Sing with me, sing for the years, ___ sing for the laugh-ter 'n' sing ___ for the tears. ___

Sing with me if it's just for to - day,

may - be to - mor - row the good Lord ___ will take you a - way.____

To Coda

DUDE
(Looks Like A Lady)

Words and Music by
Steven Tyler, Joe Perry and Desmond Child

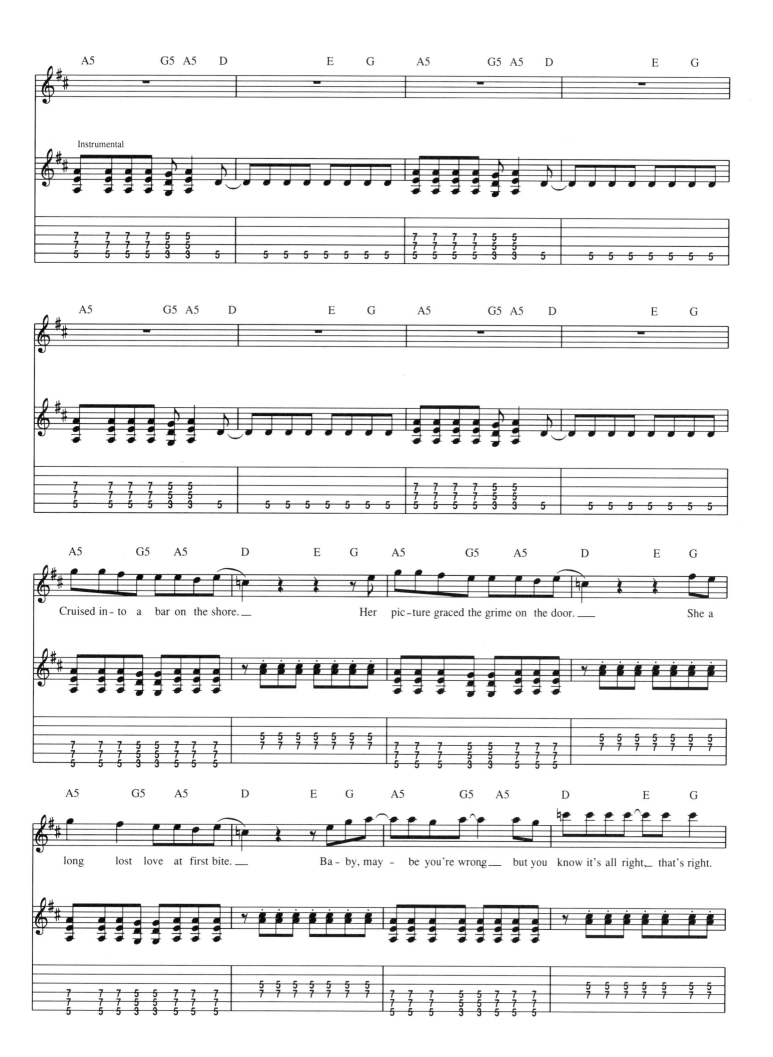

KINGS & QUEENS

Words and Music by
Tom Hamilton, Joey Kramer,
Brad Whitford and J. Douglas

Liv - ing times of knights and mares, ___ rais - ing swords for maid - ens fair, ___

sneer at death, ___ fear on - ly loss ___ of pride. ___

Liv - ing oth - er cen - tu - ries, ___ de - ja vu or what you please, ___

fol - lows true to all who do ___ or die. ___

Live and do or

die;   they

died.   Live   and   no   re –

ply;   they

LAST CHILD

Words and Music by
Steven Tyler and Brad Whitford

tail poon - tang sweet-heart sweat who could make___ silk purse from a J. Paul Get and his ear___
their throats for pa – per notes and their ba – bies cry while cit – ies lie at their feet___

with her face in her beer.___
when you're rock-in' the streets.___

Home   sweet
Home   sweet

home._____   Get out _ home.

LIGHTNING STRIKES

Words and Music by
Richard Supa

LET THE MUSIC DO THE TALKING

**Words and Music by
Joe Perry**

Rock - a - bye ba - by if you want to dance.___ Grab ___ your - self a bod - y, and
Cheese - cake may - be if I take an - oth - er bite. I'm a real fat ci - ty I'm a

take a chance. They say one time a - round, is all you get.___ But I'm
aer - o de - light. Threw out my pipe and my al - co - line. Got a

THE HOP

Words and Music by
Steven Tyler, Joe Perry, Brad Whitford,
Tom Hamilton and Joey Kramer

Think-in' bout ___ the night life in the lad-ies pow - der

Hang-in' at ___ the shop - in' mall with a wise mouth full of

brand new babe, you know that some - thin' must be   right,__   Say yeah,__
brand new babe, I know that some - thin' just ain't right,__

yeah, __   can't__ stop a rock-in' to-night.__

yeah, __   yeah, __   can't __ stop a rock- in' to-night.

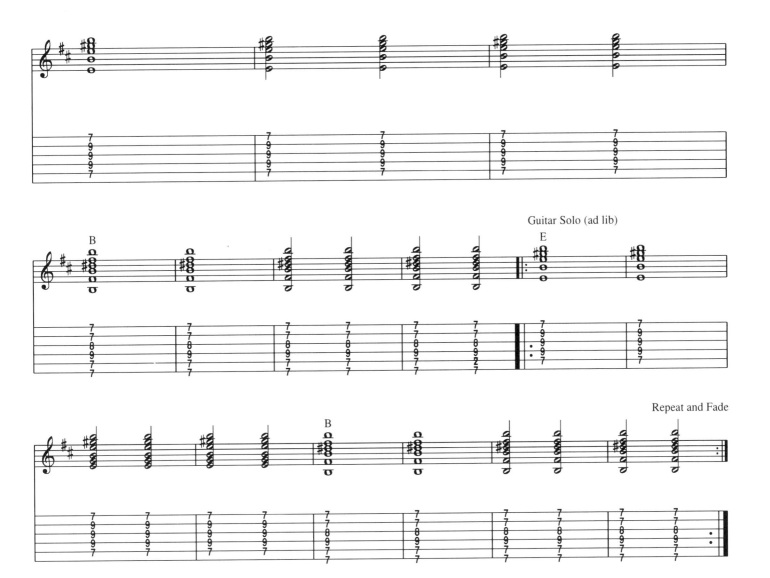

Guitar Solo (ad lib)

Repeat and Fade

REMEMBER
(Walking In The Sand)

Words and Music by
George Morton

now?

Solo

Oh, no.   Oh, no.   Oh, no, no, no, no.___ (Re -

Repeat and fade

SWEET EMOTION

Words and Music by
Steven Tyler and Tom Hamilton

Moderately slow with a beat

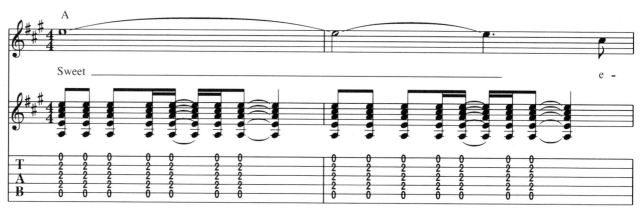

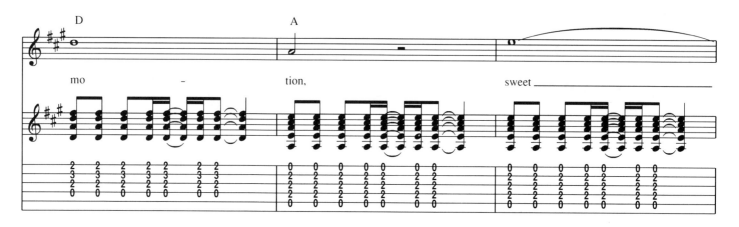

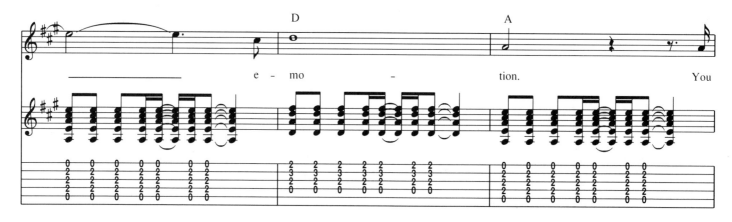

wear-in' out things that no-bod-y wears,__

get-up-and-go must have got up and went. __

You're call-in' my name but I got-ta make clear, __

Well, I got good news, she's a real good li-ar,

I can't say, ba-by, where I'll be in a year.____

'cause my back-stage boo-gie set yo' pants on fire.__

No chord

1.

1.

2.

Some

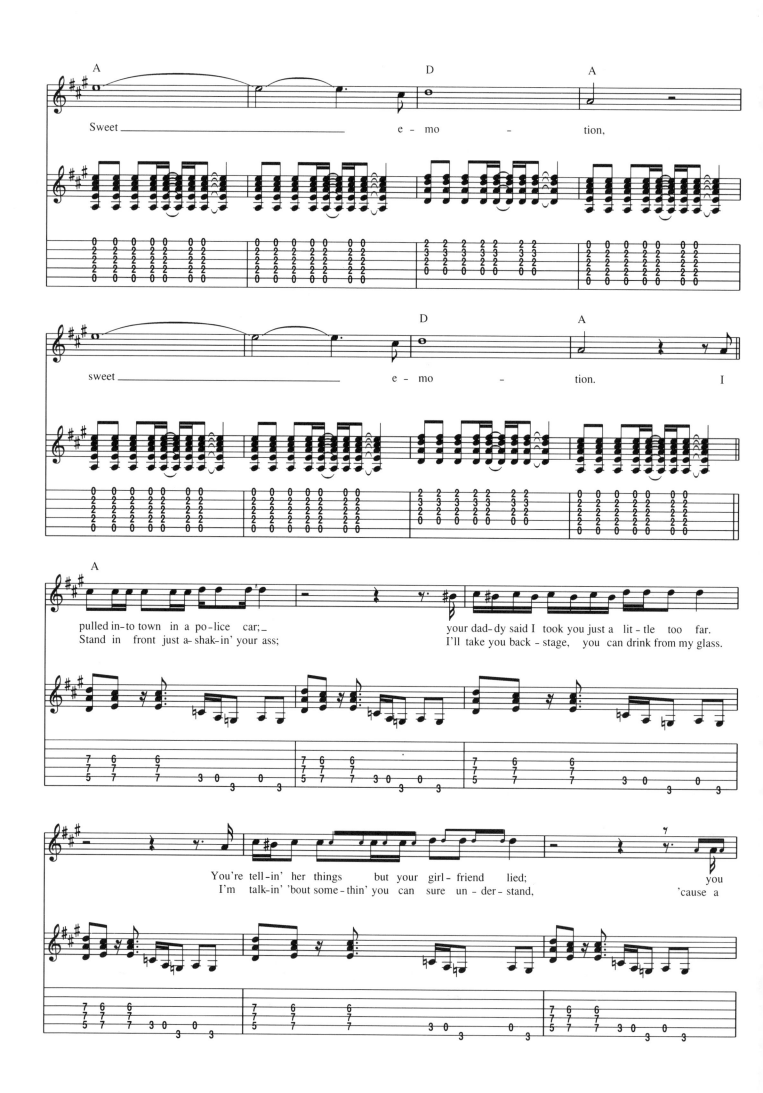

Sweet _____ e - mo - tion,

sweet _____ e - mo - tion. I

pulled in-to town in a po-lice car;___ your dad-dy said I took you just a lit-tle too far.
Stand in front just a-shak-in' your ass; I'll take you back-stage, you can drink from my glass.

You're tell-in' her things but your girl-friend lied; you
I'm talk-in' 'bout some-thin' you can sure un-der-stand, 'cause a

can't catch me 'cause the rab-bit done died.
month on the road and I'll be eat-in' from your hand.

No Chord

1.

2. A

Sweet

D   A   Repeat and fade

e - mo - tion.

WALK THIS WAY

Words and Music by
Steven Tyler and Joe Perry

SAME OLD SONG & DANCE

**Words and Music by
Steven Tyler and Joe Perry**

start lock-in'. Your old - time con - nec- tion, - change __ of di - rec- tion. __ Ain't __

gon - na change it; can't __ re - ar - range it. Can't __ stand the pain when it's all __

C#5 D5   D#5 E5   E7   Em7   E7

the same __ to you, _____ my friend. __

D.S. 𝄋 al Coda ⊕

Em7   E7

When you're low -

old sto-ry,   same   old song and   dance.